Michael Heinen-Anders

Kapital ist geronnener Geist
(Joseph Beuys zum hundertsten
Geburtstag)

Herstellung und Verlag: BoD - Books on Demand, Norderstedt

ISBN **9783752640571**

Inhaltsverzeichnis

Kunst = Kapital

Die provozierende Aussage von Joseph
Beuys „Kunst = Kapital" – man könnte
wohl auch sagen Kultur = Kapital – im
Rahmen seiner Wirtschaftstheorie löste
weltweit Bestürzung aus, betrachtete man
Kunst doch weithin als etwas entlegenes,
mit dem sich meist erst postum Werte
schaffen lassen.
Doch ohne Kultur und Kunst, wäre der
Mensch als homo sapiens, nicht das
geworden, was er gegenwärtig ist: „Die
Krone der Schöpfung" (Gottes).

Jeder Mensch (ist) ein Künstler

Auch die zweite Aussage von Joseph
Beuys „Jeder Mensch ein Künstler", ist
nicht minder explosiv, wird doch damit
ausgesagt, dass selbst der einfachste
Arbeiter, ein Künstler ist. Joseph Beuys
pflegte das im Rahmen seiner

Kunstaktionen mit dem schälen von Gemüse zu illustrieren, womit er implizit darstellte, dass nicht nur der männliche Arbeiter, sondern auch die weibliche Hausfrau Künstlerin sei.

Ökonomie ist ein Wärmeorganismus

Angesichts seiner Kunstinstallation „Die Honigpumpe am Arbeitsplatz" illustrierte Beuys weiter, dass Ökonomie etwas Lebendiges sei. Die von Bienen, welche ausgesprochene Wärmeinsekten sind, hergestellte Substanz ist Honig. Wird dieser geschleudert („gepumpt"), so ergibt sich daraus ein Wirtschaftswert. Diesen Wirtschaftswert haben wir der Wärmeneigung der Bienen zu verdanken, ergo ist auch die Ökonomie – das Wirtschaftsleben – ein Wärmeprozess. Wärme wirkt darüber hinaus als erstes evolutionäres Prinzip, das sagt nicht nur Beuys, sondern das sagt auch Rudolf Steiner.

Die Wärme als erster kosmischer Seinszustand

„Der Bienenstock - nicht die einzelne Biene - hat ein geistiges Wesen, das in gewisser Beziehung übereinstimmt mit dem Wesen des Menschen auf dem einstigen Saturn auf niederer Stufe, das der Mensch auf höherer Stufe wiederum erreichen wird auf der Venus. Der Bienenleib ist auf der alten Saturnstufe stehengeblieben. Wir müssen wohl unterscheiden: Bienenstock und einzelne Biene. Die Seele des Bienenstockes ist keine gewöhnliche Gruppenseele, sondern ein besonderes Wesen für sich. Die einzelne Biene hat in der Form dasjenige bewahrt, was der Menschenleib auf dem Saturn durchgemacht hat. Der Geist des Bienenstockes steht höher als der Geist des einzelnen Menschen, er hat heute schon ein Venus-Bewußtsein. Die Biene ist das Symbolum des Geistesmenschen, der nichts von Sterblichkeit weiß. Die Geistigkeit, die der Mensch hatte, als der Planet sich noch in feurigem Zustande befand [Saturn], wird er auf höherer Stufe wiederum erreichen, wenn der Planet als Venus wieder feurig sein wird. Deshalb wird die Biene im Okkultismus als Wärme- oder Feuerwesen bezeichnet.

Es ist sehr interessant, einen Parallelismus zu verfolgen, von dem die physische Wissenschaft nicht viel sagen kann. Was hat denn der heutige Mensch vom Saturnzustand noch in sich? Die Wärme! Die Blutwärme. Was damals im ganzen Saturn verteilt war - die Wärme -, das hat sich herausgelöst und bildet heute das warme Blut des Menschen und der Tiere. Wenn Sie die Temperatur eines Bienenstockes untersuchen, so finden Sie ungefähr dieselbe Temperatur, wie sie das menschliche Blut hat. Der ganze Bienenstock entwickelt also eine Temperatur, die der Bluttemperatur des

Menschen entspricht, und die auf dieselbe Entwickelungsstufe zurückgeht wie das menschliche Blut. Daher bezeichnet der Okkultist die Biene als aus der Wärme herausgeboren, als Wärmewesen, wie er den Schmetterling bezeichnet als aus Luft geboren, als Luftwesen, den Fisch als Wasserwesen und die Schlange als Erdenwesen." (Rudolf Steiner: GA 101, S. 167f)

Der **alte Saturn**, nicht zu verwechseln mit unserem *gegenwärtigen* Saturn, war die erste Verkörperung unserer Erde bzw. unseres ganzen Planetensystems. Er bestand gänzlich aus Wärme und war ein reich gegliederter Wärmeorganismus. Seine Ausdehnung reichte von der heutigen Sonne bis zum gegenwärtigen Saturn, den er verschluckt hätte, er war also ein Riesenplanet. Die Geister des Willens (Throne), die die Saturnsphäre umgaben, leiteten die Saturnentwicklung. Der höchste Regent der Saturnentwicklung wird als Vater bezeichnet. Der alte Saturn entstand dadurch, dass die Throne das ihrem Wesen innewohnende Willens-Feuer als äußere Wärmesubstanz hinopferten. Die Weltenmission des Saturn war es, nach außen den physischen Leib zu gestalten und nach innen die Möglichkeit des Willens zu geben. (Rudolf Steiner: GA 121, S. 86ff) Auf den alten Saturn folgte die Weltentwicklungsstufe der alten Sonne.

„Und wenn Sie sich jetzt vorstellen, daß der Mensch gestorben ist, daß auch sein Ätherkörper, verbunden mit dem Astralleib und dem Ich, heraus ist, aber so, daß die Verbindung doch nicht ganz gelöst ist, daß das, was heraus ist, was eingebettet ist in die umliegende kosmische Masse, seine Strahlen hinuntersendet und arbeitet an der physischen Leiblichkeit, dann haben Sie den Zustand, den die Menschheit auf dem Saturn hatte. Unten auf der Weltkugel des Saturn war nur das enthalten, was in unserer rein physischen Leiblichkeit ist; umgeben war sie gleichsam von einer ätherisch-astralischen Atmosphäre, in welcher eingebettet waren die Iche.

Die Menschen waren tatsächlich schon vorhanden auf dem Saturn, aber in einem dumpfen, dumpfen Bewußtsein. Diese Seelen hatten die Aufgabe, regsam und in Tätigkeit zu erhalten etwas, was drunten zu ihnen gehörte. Sie arbeiteten von oben an ihrem physischen Leibe. Wie eine Schnecke, die sich ihr Gehäuse bearbeitet, ebenso schaffen sie von außen, wie ein Instrument, an den leiblichen Organen. Wir wollen beschreiben, wie dasjenige aussah, an dem die Seelen oben arbeiteten. Wir haben diesen physischen Saturn, diesen Saturn überhaupt, ein wenig zu beschreiben.

Ich habe schon gesagt, das, was an der physischen Leiblichkeit dort ausgebildet wurde, waren die Anlagen der Sinnesorgane. Was als Sinnesanlage im Menschen lebte, bearbeiteten die Seelen äußerlich auf der Saturn-Oberfläche. Sie waren wirklich in dem den Saturn umgebenden Weltenraum, unten war ihre Werkstätte. Da arbeiteten sie die Typen für Augen und Ohren und für die anderen Sinnesorgane aus.

Was war nun die Grundeigenschaft dieser Saturnmasse? Sie ist schwer zu bezeichnen, weil wir in unserer Sprache kaum ein Wort haben, das dazu paßt, denn unsere Worte sind ja auch ganz materialisiert; sie passen nur für den physischen Plan. Es gibt aber ein Wort, das diese feine Arbeit, die da geleistet wurde, ausdrücken kann. Man kann es bezeichnen mit dem Ausdruck: sich spiegeln. Die Saturnmasse hatte die Eigenschaft, in allen ihren Teilen das, was von außen als Licht, als Ton, als Geruch, als Geschmack herankam, zu spiegeln. Alles wurde wieder zurückgeworfen, man nahm es im Weltenraum gleichsam wahr als ein Sich-Spiegeln im Spiegel des Saturn. Man kann es nur damit vergleichen, wenn man seinem Nebenmenschen ins Auge blickt und das eigene Bildchen uns daraus entgegenschaut. So nahmen sich alle Seelen der Menschen wahr, aber nicht nur als Bild in Farben, sondern sie schmeckten sich, sie rochen sich, sie nahmen sich in einem bestimmten Wärmegefühl wahr. So war der Saturn ein spiegelnder Planet. Die in der Atmosphäre lebenden Menschen warfen ihre Wesenheiten hinein, und aus diesen Bildern, die da entstanden, bildeten sich die Anlagen zu den Sinnesorganen, denn es waren Bilder, die schöpferisch wirkten. Man denke sich vor einem Spiegel stehend, aus dem das eigene Bild einem entgegentritt, und dieses Bild beginne zu schaffen, sei nicht ein totes Bild wie beim heutigen leblosen Spiegel: da hat man die schöpferische Tätigkeit des Saturn, da hat man die Art und Weise, wie die Menschen selbst auf dem Saturn lebten und ihre Arbeit verrichteten.

Das spielte sich unten auf der Kugel des Saturn ab. Oben die Seelen hatten das tiefe Trancebewußtsein, von dem ich gestern gesprochen habe. Sie wußten nichts von dieser Spiegelung, sie haben es nur getan. In diesem dumpfen Trancebewußtsein hatten sie das ganze kosmische All in sich, und so hat sich aus ihrem Wesen heraus das ganze kosmische All gespiegelt. Sie selbst aber waren eingebettet in eine Grundsubstanz geistiger Art. Sie waren nicht selbständig, sondern nur ein Glied der den Saturn umgebenden Geistigkeit. Daher konnten sie nicht geistig wahrnehmen. Höhere Geister nahmen wahr mit ihrer Hilfe. Sie waren die Organe der Geister, die damals wahrnahmen.

Den Saturn umgab eine ganze Anzahl höherer Geister. Alles, was die christliche Esoterik Boten der Gottheit, Engel, Erzengel, Urkräfte, offenbarende Mächte genannt hat, alles das war enthalten in dieser Saturnatmosphäre. So wie die Hand zum Organismus gehört, so gehörten die Seelen zu diesen Wesenheiten, und so wenig wie die Hand ein selbständiges Bewußtsein hat, so wenig hatten sie damals ein eigenes Bewußtsein. Sie arbeiteten aus dem Bewußtsein höherer

Geister, aus dem höheren Weltenbewußtsein heraus und gestalteten so die Bilder ihrer Sinnesorgane, die dann schöpferisch wurden, und sie gestalteten auch die Saturnmasse. Diese Saturnmasse dürfen Sie sich nicht so dicht vorstellen wie die heutige menschliche Fleischmasse. Der dichteste Zustand des Saturn, den er überhaupt erlangen konnte, war nicht einmal so dicht wie unsere heutige physische Luft. Der Saturn ist auch physisch geworden, hat es aber nur bis zur Dichtigkeit gebracht, die man die Dichte des Feuers, der Wärme nennt, der Wärme, in der die heutige Physik gar keinen Stoff mehr sieht. Die Wärme ist aber für den Okkultisten ein feinerer Stoff als die Gase; er hat die Eigenschaft, sich immer weiter auszudehnen. Und weil der Saturn aus diesem Stoff bestand, hatte er die Gabe, sich von innen auszudehnen, alles auszustrahlen, zu spiegeln. Ein solcher Körper strahlt alles aus; er hat nicht das Bedürfnis, alles in sich zu behalten.

Der Saturn war nicht etwa eine gleichförmige Masse, sondern so, daß man darin eine Differenzierung, eine Konfiguration hätte wahrnehmen können. Später rundeten sich die Organe sogar in zellenförmige Kugeln, nur daß Zellen klein sind; damals aber waren es große Kugeln, wie wenn Sie eine Maulbeere oder Brombeere nehmen. Sehen hätten Sie noch nicht können auf dem Saturn, denn jede Spiegelung warf alles, was ihr an Licht zukam, nach außen zurück. Innerhalb dieser Saturnmasse war alles finster. Nur gegen Ende seiner Entwickelung leuchtete der Saturn etwas auf. In der Umgebung der Atmosphäre dieser Saturnmasse gab es eine Anzahl von Wesen. Nicht nur Sie selbst bereiteten Ihre Sinnesorgane vor, denn des Menschen Seele war noch nicht so weit entwickelt, daß sie hätte allein arbeiten können. Sie arbeitete mit anderen geistigen Wesenheiten zusammen, trivial ausgedrückt, unter deren Leitung." (Rudolf Steiner: <u>GA 99, S. 93ff</u>)

Die Bedeutung Geistiger Arbeit

„Der Mensch muß essen, und was gegessen wird, das muß von irgendwelchen Menschen erarbeitet werden. Der Mensch muß sich kleiden. Dasjenige, was er anzieht, müssen Leute erarbeiten. Damit ich einen Rock anziehen kann oder ein Beinkleid, müssen Menschen stundenlang ihre Arbeitskraft verwenden, um das zustandezubringen. Die arbeiten für mich. Davon lebe ich, nicht von meinem Gelde. Mein Geld hat keinen andern Wert, als daß es mir die Macht gibt, des andern Arbeit zu benützen. Und so wie die sozialen Verhältnisse heute liegen, fängt man erst an, Interesse für seine Mitmenschen zu haben, wenn man sich diese Frage in der entsprechenden Weise beantwortet, wenn man im Geiste sieht: Soundso viele Menschen müssen soundso viele Stunden arbeiten, damit ich in der sozialen Struktur drinnen leben kann. Nicht darum handelt es sich, daß man sich selber wohltut, indem man sich sagt: Ich liebe die Menschen. - Man liebt nicht die Menschen, wenn man glaubt, man lebe von seinem Gelde, und sich nicht im geringsten vorstellt, wie die Menschen für einen arbeiten, damit man nur des Lebens Minimum überhaupt hat.

Aber dieser Gedanke: Soundso viel Leute arbeiten, damit man des Lebens Minimum hat -, der ist ja untrennbar von dem anderen Gedanken, daß man das wiederum der Sozietät zurückgeben muß, nicht durch Geld, sondern wiederum durch Arbeit, was für einen gearbeitet wird. Und erst, wenn man sich verpflichtet fühlt, das Quantum von Arbeit, das für einen geleistet wird, auch wiederum zurückzuarbeiten in irgendeiner Form, erst dann hat man Interesse für seine Mitmenschen. Daß man seinen Mitmenschen sein Geld gibt, das bedeutet nur, daß man die Mitmenschen am Gängelbande, am Sklavenbande führen kann, sie zwingen kann, daß sie für einen arbeiten. Können Sie sich aus Ihrer

Erfahrung nicht selbst die Antwort geben auf die Frage: Wie viele Menschen bedenken, daß Geld nur eine Anweisung auf menschliche Arbeitskraft, daß Geld nur ein Machtmittel ist? Wie viele Menschen sehen im Geiste, daß sie gar nicht da sein könnten in dieser physischen Welt, ohne daß sie der Arbeit der anderen Menschen das, was sie selbst beanspruchen für ihr Leben, verdanken? - Sich verschuldet fühlen der Gesellschaft, in der man drinnen lebt, das ist der Beginn jenes Interesses, das verlangt werden muß für eine gesunde soziale Gestaltung." (Rudolf Steiner: GA 186, S. 45f)

Gefordert ist eine solidarische, sozial gerechte, auf Leistung und Gegenleistung beruhende Gestaltung der Arbeitswelt. Das "Recht auf Arbeit" wird in einigen Verfassungen europäischer Länder als Staatsziel aufgeführt. Nur selten jedoch werden daraus auch praktische Konsequenzen gezogen, wie in den meisten skandinavischen Ländern, durch die dortige Etablierung eines starken

Sozialstaats. In Deutschland hingegen wurde mit der Einführung von "Hartz IV" im Jahre 2005 eine allgemeine Arbeitspflicht (Zwangsarbeit) begründet[2], die zu einem drastischen Sozialabbau beigetragen hat, wenngleich hierdurch die Zahl der Arbeitslosen auch stark reduziert werden konnte, was vor allem durch die besondere Förderung von Leiharbeit und weiteren prekären Beschäftigungsverhältnissen erreicht wurde. Im Zuge dieser gesetzlichen Maßnahmen wurden die Grundrechte (-> Grundgesetz) der arbeitsuchenden Menschen weiter ausgehöhlt und stehen heute oft nur noch auf dem Papier.

„... wer in den Geist meines Buches «Die Kernpunkte der Sozialen Frage» eindringt, der wird sehen, daß dasjenige, was nun wirklich jedem einigermaßen menschlich denkenden Menschen - das sage ich hier ganz unverblümt - als das Scheußlichste erscheinen muß, ein bürokratisch angeordneter Arbeitszwang, daß der in der Zukunft [in einem dreigegliederten sozialen Organismus] wegfallen kann. Natürlich ist ja jeder aus den sozialen Verhältnissen heraus gezwungen zu arbeiten, und man hat nur die Wahl, entweder zu verhungern oder zu arbeiten. Einen anderen Arbeitszwang als den, der sich auf diese Weise aus den Verhältnissen ergibt, kann es nicht geben [in einer sozialen Ordnung], in der doch die Freiheit des menschlichen Wesens eine Grundbedingung ist." (Rudolf Steiner: GA 337a, S. 78)

In der realen Wirtschaft kann ein Wert im volkswirtschaftlichen Sinn nach der Auffassung Rudolf Steiners auf zwei Arten entstehen: entweder wird die Natur durch die menschliche Arbeit modifiziert oder es wird die Arbeit durch den menschlichen Geist, meist in Form des Kapitals, modifiziert bzw. organisiert. Der Preis wird im volkswirtschaftlichen Prozess durch den Austausch von Werten bestimmt.

Das **Kapital** (von lat. *caput*, der "Kopf") ist der Geist des Wirtschaftslebens. Durch das Kapital ragt das Geistesleben in das Wirtschaftsleben organisierend herein.

„Der Beitrag des menschlichen Geistes zur wirtschaftlichen Wertbildung ist bis heute von der Nationalökonomie kaum in expliziter Weise gewürdigt worden. Das liegt daran, daß die nationalökonomischen Theorien nicht berücksichtigen, daß das Geistige direkt in die Wertbildung eingreift. Keine volkswirtschaftliche Betrachtung ist aber real, so Steiner, wenn sie <<nicht mit dem rechnet, was eben durch die geistige Arbeit – wenn wir sie so nennen wollen -, das heißt aber im Grunde genommen durch das Denken geleistet wird.>> Die wertbildende Wirkungsweise des Geistigen ist grundlegend und umfassend: <<Die geistige Arbeit, sie beginnt ja schon damit, daß die Arbeit durch organisierendes Denken organisiert, gegliedert wird. Sie wird aber immer selbständiger und selbständiger. Wenn Sie

diese geistige Arbeit fassen bei demjenigen, der irgendein in der materiellen Kultur stehendes Unternehmen leitet, so wendet er eine große Summe von geistiger Arbeit auf, aber er arbeitet noch mit dem, was ihm der volkswirtschaftliche Prozeß aus der Vergangenheit liefert. Aber es ist ja nicht zu umgehen, rein auch aus ganz praktischen Interessen, daß innerhalb der geistigen Betätigung – so will ich es statt Arbeit nennen – des geistigen Wirkens, auch das vollständig freie Wirken auftritt. Schon wenn man die Differentialrechnung erfindet, und gar erst, wenn man ein Bild malt, tritt eine vollständig freie geistige Betätigung auf.>> Die Stufenleiter der ökonomischen Wirksamkeit des Geistes beginnt bei der einfachen Arbeit im Feld und endet bei hohen geistigen Errungenschaften in Kunst und Wissenschaft. Die Bedeutung des Geistigen bei der Wertbildung, so sagt Steiner, bleibt in der quantitativen Werttheorie der (ökonomischen) Klassik weitgehend (noch) unberücksichtigt."[1]

Zu einem ähnlichen Ergebnis kommt einer der Reformer des sogenannten „Prager Frühlings", Eugen Löbl, unabhängig von Rudolf Steiner.[2]

Kapital ist geronnener Geist

Sieht man all das vorgebrachte im richtigen Zusammenhang, dann kann man – wohl ganz im Sinne von R. Steiner und Joseph Beuys - durchaus davon sprechen, das Kapital im ureigentlichen und ursprünglichen Sinne, sei geronnener Geist.

Der Mensch muß dabei im Sinne einer Sozialkunst „…die Frage nach der Form stellen…" (Joseph Beuys)[3]. Und er

[1] Georg F. von Canal: Geisteswissenschaft und Ökonomie, Schaffhausen 1992, S. 80 - 81
[2] Vgl. Eugen Löbl: Geistige Arbeit – Die wahre Quelle des Reichtums, Wien – Düsseldorf 1968
[3] Joseph Beuys: Ein kurzes erstes Bild von dem konkreten Wirkungsfeld der Sozialen Kunst, Wangen 1987, S. 16

erkennt, dass die Frage des Eigentums am Kapital gestaltbar ist, etwa auch im Sinne der Kapitalneutralisierung[4].

---

[4] Vgl. z.B. Michael Heinen-Anders: Kapitalneutralisierung als Dreigliederungsaufgabe, Norderstedt 2013

Literatur

- Joseph Beuys: Aufruf zur Alternative. Erstveröffentlichung in der Frankfurter Rundschau vom 23.12.1978

- Joseph Beuys: Ein kurzes erstes Bild von dem konkreten Wirkungsfelde der Sozialen Kunst, Freie Volkshochschule Argental, Wangen 1987

- Harald Szeemann (Hrsg.): Beuysnobiscum: eine kleine Enzyklopädie, Vlg. Der Kunst, Amsterdam – Dresden 1997

- Reinhard Ermen: Joseph Beuys, Rowohlt TB, Reinbek bei Hamburg 2010

- Clara Bodenmann-Ritter (Hrsg.): Joseph Beuys – Jeder Mensch ein Künstler, Ullstein TB, 1988

- Johannes Stüttgen: Über Joseph Beuys und jeden Menschen, das Erdtelefon und zwei Wolkenkratzer; über 7000 Eichen, 7000 Steine und ein schwarzes Loch, Free International University (FIU), Düsseldorf 1985

- Volker Harlan/Rainer Rappmann/Peter Schata: Soziale Plastik. Materialien zu Joseph Beuys, Achberger Vlg., Achberg 1984

- Friedhelm Mennekes: Beuys zu Christus – Eine Position im Gespräch, Vlg. Katholisches Bibelwerk, Stuttgart 1994

- Kunst Heute Nr. 1: Joseph Beuys im Gespräch mit Knut Fischer und Walter Smerling, Vlg. Kiepenheuer & Witsch, Köln 1989

- Stefanie Dathe/Marc Gundel (Hrsg.): Ein Woodstock der Ideen – Joseph Beuys, Achberg und der deutsche Süden, FIU-Verlag, Achberg 2021

- Volker Harlan: <<Jeder Mensch ist Anthroposoph!>> - Joseph Beuys zum 100. Geburtstag. In: Anthroposophie. Vierteljahresschrift zur Anthroposophischen Arbeit in Deutschland, Ostern 2021, Heft Nr. 295, S. 11 – 19

- Wolfgang Zumdick: <<Der Tod hält mich wach>> - Joseph Beuys – Rudolf Steiner. Grundzüge ihres

Denkens, Pforte Vlg., Dornach 2001

- Rudolf Steiner: Die Kernpunkte der
  Sozialen Frage. Mit einem Nachwort
  von Otto Schily, Rudolf Steiner Vlg.,
  Dornach 1996

- Rudolf Steiner:
  Nationalökonomischer
  Kurs/Nationalökonomisches
  Seminar, Taschenbuchausgabe,
  Rudolf Steiner Vlg., Dornach 1996

- Jens Heisterkamp (Hrsg.): Kapital =
  Geist. Pioniere der Nachhaltigkeit.
  Anthroposophie in Unternehmen,
  Info 3 Vlg., Frankfurt a.M. 2009

- Georg F. von Canal:
  Geisteswissenschaft und Ökonomie.
  Die wert-, preis- und

geldtheoretischen Ansätze in den
Schriften Rudolf Steiners, Novalis
Vlg., Schaffhausen 1992

- Eugen Löbl: Geistige Arbeit – Die
  wahre Quelle des Reichtums, Econ
  Vlg., Wien – Düsseldorf 1968

- Eugen-Löbl: Wirtschaft am
  Wendepunkt. Wegweiser in eine
  soziale Zukunft ohne Inflation und
  Arbeitslosigkeit, Achberger Vlg.,
  Achberg – Köln 1975

- Michael W. Bader: Jenseits von
  Kapitalismus und Kommunismus –
  Theorie und Praxis des
  Wirtschaftsmodells der Achberger
  Schule, Berliner Wissenschafts-
  Verlag, Berlin 2016

- Michael Heinen-Anders:
  Kapitalneutralisierung als
  Dreigliederungsaufgabe. Eine
  interdisziplinäre
  betriebswirtschaftliche Studie, BoD,
  Norderstedt 2013

- Michael Heinen-Anders: Die Idee der
  Kapitalneutralisierung, BoD,
  Norderstedt 2019

Autobiographische Notiz:

Michael Heinen-Anders wurde am 25.02.1960 in Köln
geboren. Er studierte an der Bergischen Universität
Wuppertal Wirtschafts- und Sozialwissenschaften.
1989 schloss er das Studium als Diplom-Ökonom ab.
Michael Heinen-Anders trat 1994 der
Anthroposophischen Gesellschaft, Zweig Köln, bei.
Seit 2012 ist er gleichfalls Mitglied der Freien
Hochschule für Geisteswissenschaft.
Er veröffentlichte zahlreiche literarische, essayistische
und wissenschaftliche Schriften, darunter „Aus
anthroposophischen Zusammenhängen", BoD,
Norderstedt 2010 und „Aus anthroposophischen
Zusammenhängen Band II", BoD, Norderstedt 2018.
Michael Heinen-Anders lebt in Köln, ist geschieden und
hat zwei erwachsene Töchter.